32 strategie per generare **traffico** l vostro sito e **10 strategie** per renderlo **redditizio**

Sylvain MILON

https://www.sylvainmilon.com

SOMMARIO

Ecco 32 strategie per generare traffico sul vostro sito web, scoprite le tecniche e i consigli per attuarle con successo:

1. Utilizzate i social network per promuovere il vostro sito e i vostri contenuti.

2. Fate da guest blog e pubblicate articoli su altri siti popolari della vostra nicchia.

3. Utilizzate i forum e i newsgroup per promuovere il vostro sito e rispondere alle domande degli utenti.

4. Utilizzate la pubblicità a pagamento sui social network o su Google AdWords.

5. Ottimizzare i motori di ricerca (SEO) per migliorare il posizionamento nei risultati di ricerca.

6. Creare contenuti di qualità che vengano condivisi sui social network e dagli utenti.

7. Fate pubblicità sui siti web più popolari della vostra nicchia.

8. Utilizzate gli strumenti di email marketing per inviare newsletter e promuovere il vostro sito.

9. Affiliatevi e collaborate con altre aziende per promuovere i loro prodotti o servizi sul vostro sito.

10. Partecipate a eventi online e offline e promuoveteli sul vostro sito web.

11. Utilizzate gli strumenti di content marketing per promuovere il vostro sito e i vostri contenuti.

12. Fate pubblicità su riviste popolari o giornali online della vostra nicchia.

13. Inserite la vostra pubblicità sui più noti siti di annunci online.

14. Create contenuti video per YouTube e promuoveteli sul vostro sito.

15. Partecipate a conferenze o eventi online e promuoveteli sul vostro sito web.

16. Create un account su Instagram e utilizzatelo per promuovere il vostro sito e i vostri prodotti o servizi.

17. Utilizzate gli hashtag più popolari sui social network per promuovere il vostro sito e i vostri contenuti.

18. Scambiate link con altri siti popolari nella vostra nicchia.

19. Pubblicità sui siti di annunci online locali.

20. Create contenuti per Pinterest e utilizzateli per promuovere il vostro sito e i vostri prodotti o servizi.

21. Utilizzate gli strumenti di SMS marketing per inviare messaggi ai vostri clienti e promuovere il vostro sito.

22. Pubblicità su giornali o riviste locali.

23. Ottimizzare il sito mobile per i motori di ricerca (SEO).

24. Create contenuti per LinkedIn e utilizzateli per promuovere il vostro sito e la vostra attività.

25. Utilizzate gli strumenti di marketing per le notifiche push per inviare notifiche ai vostri utenti e promuovere il vostro sito.

26. Create contenuti per TikTok e utilizzateli per promuovere il vostro sito e i vostri prodotti o servizi.
27. Utilizzate gli strumenti di content marketing per creare contenuti visivamente accattivanti e condividerli sui social network.

28. Create contenuti per Reddit e utilizzateli per promuovere il vostro sito e i vostri prodotti o servizi.

29. Fate pubblicità sui siti web di nicchia più popolari del vostro settore e rivolgetevi agli utenti che potrebbero essere interessati al vostro sito.

30. Utilizzate gli strumenti di email marketing per inviare newsletter mirate agli utenti che potrebbero essere interessati al vostro sito.

31. Create contenuti per i podcast e utilizzateli per promuovere il vostro sito e i vostri prodotti o servizi.

32. Fare marketing d'influenza e lavorare con influencer del vostro settore per promuovere il vostro
e i vostri prodotti o servizi sui loro social network e blog.

I VANTAGGI DI AVERE MOLTI VISITATORI SUL PROPRIO SITO WEB SONO MOLTEPLICI

1. Aumento del traffico: più visitatori ha il vostro sito, più persone potete raggiungere e più visibilità potete ottenere online.

2. Miglioramento della consapevolezza del marchio: più visitatori ha il vostro sito, più potete migliorare il riconoscimento del vostro marchio e la fiducia che le persone hanno in esso.

3. Opportunità di lead generation: se utilizzate il vostro sito per raccogliere informazioni di contatto dai vostri visitatori, potete utilizzare queste informazioni per contattarli e offrire loro prodotti o servizi che potrebbero interessarli.

4. Miglioramento dell'ottimizzazione per i motori di ricerca: se il vostro sito ha molti visitatori, questo può essere considerato dai motori di ricerca come un segno che il vostro sito è popolare e rilevante, il che può migliorare il vostro posizionamento nei risultati di ricerca.
5. opportunità di monetizzazione: se utilizzate il vostro sito per pubblicizzare o vendere prodotti o servizi, avere molti visitatori può aumentare le vostre entrate online.

In sintesi, avere molti visitatori sul proprio sito web comporta molti vantaggi, come un aumento del traffico, una maggiore consapevolezza del marchio, opportunità di generazione di lead, miglioramento del SEO e opportunità di monetizzazione. Questi vantaggi possono aiutarvi a raggiungere i vostri obiettivi commerciali e a migliorare la vostra presenza online. Inoltre, avere un sito web popolare può giovare alla vostra attività in generale, consentendovi di raggiungere un pubblico più vasto e di far crescere il vostro business in modo più efficace.

È importante notare che per ottenere molti visitatori sul vostro sito web, dovrete mettere in atto un'efficace strategia di marketing online. Questo può includere la creazione di contenuti di qualità, l'ottimizzazione del sito per i motori di ricerca, la promozione del sito sui social network e su altre piattaforme online e l'utilizzo di pubblicità online mirata. Lavorando su questi aspetti della vostra strategia di marketing, potrete raggiungere un pubblico più vasto e attirare nuovi visitatori sul vostro sito.

UTILIZZATE I SOCIAL NETWORK PER PROMUOVERE IL VOSTRO SITO E I VOSTRI CONTENUTI.

L'utilizzo dei social media per promuovere il vostro sito web e i vostri contenuti è un'efficace strategia di marketing online per portare traffico al vostro sito.

Ecco alcuni modi per attuare questa strategia:

1. Creare account sui social network più popolari e pubblicare regolarmente contenuti. È possibile pubblicare link ai post del proprio blog, immagini o video, o qualsiasi altro contenuto che si desidera condividere con il proprio pubblico.

2. Utilizzate hashtag pertinenti per rendere i vostri contenuti più ricercabili e per farli conoscere a un pubblico più vasto.

3. Interagite con il vostro pubblico rispondendo a commenti e domande e condividendo contenuti di qualità da altre fonti.

4. Utilizzate le funzioni pubblicitarie a pagamento sui social network per indirizzare il vostro pubblico e aumentare la visibilità dei vostri contenuti.

5. Analizzate le prestazioni dei vostri contenuti sui social network e utilizzate queste informazioni per migliorare la

vostra strategia di marketing.

Utilizzando i social media in modo strategico, potete raggiungere un pubblico più vasto e portare traffico al vostro sito. Ricordate di variare i vostri contenuti e di rimanere attivi sui social network per mantenere il vostro pubblico coinvolto.

FATE GUEST BLOGGING E PUBBLICATE ARTICOLI SU ALTRI SITI POPOLARI DELLA VOSTRA NICCHIA.

Il guest blogging consiste nel pubblicare articoli su altri siti web per promuovere il proprio sito e i propri contenuti. Questa può essere una strategia efficace per portare traffico al vostro sito e per promuovervi a un pubblico più ampio.

Ecco alcuni modi per attuare questa strategia:

1. Trovate siti popolari nella vostra nicchia che accettano contributi di guest blogger e inviate loro una proposta di argomento. Assicuratevi di seguire le regole e le linee guida di ogni sito per il guest blogging.

2. Create contenuti di qualità che siano interessanti per il pubblico target del sito su cui pubblicherete l'articolo. Assicuratevi di seguire le linee guida di stile e formato del sito.
3. Includete un link al vostro sito nel vostro post di guest blogging e rendetelo pertinente e utile ai lettori.

4. Condividete il vostro post di guest blogging sui social network e incoraggiate anche i vostri follower a condividerlo.

5. Analizzate le prestazioni dei vostri post di guest blogging

e utilizzate queste informazioni per migliorare la vostra strategia di marketing.

Pubblicando articoli di guest blogging su siti popolari della vostra nicchia, potete raggiungere un pubblico più vasto e portare traffico al vostro sito. Ricordate di seguire le regole e le linee guida di ogni sito e di creare contenuti di qualità per ottenere i migliori risultati.

UTILIZZATE I FORUM E I NEWSGROUP PER PROMUOVERE IL VOSTRO SITO E RISPONDERE ALLE DOMANDE DEGLI UTENTI.

L'utilizzo di forum e newsgroup per promuovere il vostro sito web e rispondere alle domande degli utenti può essere una strategia efficace per generare traffico verso il vostro sito.

Ecco alcuni modi per attuare questa strategia:

1. Trovate forum e newsgroup pertinenti alla vostra nicchia e registratevi. Prima di partecipare, leggere le regole e le linee guida di ogni forum.

2. Rispondete alle domande degli utenti e condividete contenuti utili e di qualità. Potete anche porre domande e incoraggiare la discussione.
3. Includere un link al proprio sito nella firma o nel profilo, se consentito dalle regole del forum o del gruppo.

4. Condividete i link ai vostri contenuti o al vostro sito se sono rilevanti per la discussione in corso. Non spammate forum o newsgroup con link inutili o non pertinenti.

5. Analizzate le prestazioni della vostra partecipazione a forum e gruppi di discussione e utilizzate queste

informazioni per migliorare la vostra strategia di marketing.

Partecipando attivamente a forum e gruppi di discussione della vostra nicchia, potete raggiungere un pubblico interessato al vostro settore e portare traffico al vostro sito. Ricordate di seguire le regole e di creare contenuti utili e di qualità per ottenere i migliori risultati.

UTILIZZATE LA PUBBLICITÀ A PAGAMENTO SUI SOCIAL NETWORK O SU GOOGLE ADWORDS.

L'utilizzo di annunci a pagamento su piattaforme pubblicitarie online può essere una strategia efficace per generare traffico verso il vostro sito.

Ecco alcuni modi per attuare questa strategia:

1. Trovate piattaforme pubblicitarie online popolari e che offrano opzioni di targeting avanzate, come Google Ads o Facebook Ads.

2. Create annunci attraenti e mirati per il vostro pubblico di riferimento. Assicuratevi di seguire le linee guida di ogni piattaforma per il formato e il contenuto degli annunci.

3. Utilizzate gli strumenti di monitoraggio delle prestazioni per misurare l'efficacia dei vostri annunci e modificare di conseguenza la vostra strategia.

4. Analizzate le prestazioni dei vostri annunci e utilizzate queste informazioni per migliorare la vostra strategia di marketing.

Utilizzando gli annunci a pagamento sulle piattaforme

pubblicitarie online, potete raggiungere un pubblico target molto specifico e portare traffico al vostro sito. Per ottenere i migliori risultati, ricordate di indirizzare il vostro pubblico e di creare annunci attraenti.

OTTIMIZZARE I MOTORI DI RICERCA (SEO) PER MIGLIORARE IL POSIZIONAMENTO NEI RISULTATI DI RICERCA.

L'ottimizzazione per i motori di ricerca (SEO) è l'implementazione di tecniche e strategie per migliorare la visibilità del vostro sito web nei risultati di ricerca.

Ecco alcuni modi per implementare una strategia SEO per il vostro sito:

1. Identificate le parole chiave rilevanti per il vostro settore di attività e utilizzatele in modo strategico nei contenuti e nel markup HTML.

2. Creare contenuti di qualità e utilizzare titoli e sottotitoli per strutturarli in modo chiaro e di facile lettura.

3. Utilizzate link interni ed esterni pertinenti per aumentare la credibilità del vostro sito e migliorarne l'autorevolezza presso i motori di ricerca.
4. Utilizzate gli strumenti di monitoraggio delle prestazioni SEO per misurare l'efficacia della vostra strategia e modificarla di conseguenza.

Implementando una strategia SEO efficace, è possibile migliorare il posizionamento nei risultati di ricerca e portare traffico al proprio sito. Ricordate di puntare su parole chiave pertinenti e di creare contenuti di qualità per ottenere i migliori risultati.

CREARE CONTENUTI DI QUALITÀ CHE VENGANO CONDIVISI SUI SOCIAL NETWORK E DAGLI UTENTI.

Creare contenuti di qualità che vengano condivisi sui social network e dagli utenti può essere una strategia efficace per generare traffico verso il vostro sito.

Ecco alcuni modi per attuare questa strategia:

1. Identificate gli argomenti e i formati di contenuto che sono popolari tra il vostro pubblico di riferimento e che tendono a essere condivisi sui social network.

2. Create contenuti di qualità, ben scritti, ben strutturati e pertinenti alle esigenze e agli interessi del vostro pubblico di riferimento.

3. Fate leva sull'emozione o sulla curiosità del vostro pubblico con titoli accattivanti e immagini o video attraenti.
4. Utilizzate gli strumenti di monitoraggio delle prestazioni per misurare l'efficacia dei vostri contenuti e modificare di conseguenza la vostra strategia.

Creando contenuti di qualità che vengono condivisi sui social network e dagli utenti, potete raggiungere un pubblico più ampio e portare traffico al vostro sito. Per ottenere i migliori risultati, ricordatevi di rivolgervi al vostro pubblico e di creare contenuti che rispondano alle sue esigenze e ai suoi interessi.

FATE PUBBLICITÀ SUI SITI WEB PIÙ POPOLARI DELLA VOSTRA NICCHIA.

L'utilizzo di annunci a pagamento su siti web popolari della vostra nicchia può essere una strategia efficace per portare traffico al vostro sito.

Ecco alcuni modi per attuare questa strategia:

1. Individuate i siti web più popolari nella vostra nicchia che offrono pubblicità a pagamento e analizzate i loro prezzi e le opzioni di targeting.

2. Create annunci attraenti e mirati per il vostro pubblico di riferimento. Assicuratevi di seguire le linee guida di ciascun sito per quanto riguarda il formato e il contenuto degli annunci.

3. Utilizzate gli strumenti di monitoraggio delle prestazioni per misurare l'efficacia dei vostri annunci e modificare di conseguenza la vostra strategia.
4. Analizzate le prestazioni dei vostri annunci e utilizzate queste informazioni per migliorare la vostra strategia di marketing.

Utilizzando annunci a pagamento sui siti web più popolari della vostra nicchia, potete raggiungere un pubblico target interessato al vostro sito e portare traffico al vostro sito. Ricordate di indirizzare il vostro pubblico e di creare annunci attraenti.

UTILIZZATE GLI STRUMENTI DI EMAIL MARKETING PER INVIARE NEWSLETTER E PROMUOVERE IL VOSTRO SITO.

L'utilizzo di strumenti di email marketing per inviare newsletter e promuovere il vostro sito può essere una strategia efficace per portare traffico al vostro sito.

Ecco alcuni modi per attuare questa strategia:

1. Create una lista di e-mail con persone interessate al vostro sito e ai vostri contenuti. Potete utilizzare moduli di iscrizione sul vostro sito web o sui social network per raccogliere indirizzi e-mail.

2. Create newsletter attraenti e ben strutturate che presentino i vostri contenuti in modo chiaro e di facile lettura.

3. Utilizzate strumenti di email marketing, come Mailchimp, Aweber o GetResponse, per inviare le vostre newsletter in modo automatico e monitorare le prestazioni delle vostre campagne.

4. Analizzate le prestazioni delle vostre newsletter e utilizzate queste informazioni per migliorare la vostra

strategia di marketing.

Utilizzando gli strumenti di email marketing per inviare newsletter e promuovere il vostro sito, potete raggiungere un pubblico mirato e comunicare con esso per tutto il tempo in cui rimarrà iscritto alle vostre newsletter.

FATE MARKETING DI AFFILIAZIONE E COLLABORATE CON ALTRE AZIENDE PER PROMUOVERE I LORO PRODOTTI O SERVIZI SUL VOSTRO SITO.

L'utilizzo del marketing di affiliazione per promuovere i prodotti o i servizi di altre aziende sul vostro sito può essere una strategia efficace per generare traffico sul vostro sito.

Ecco alcuni modi per attuare questa strategia:

1. Trovate le aziende della vostra nicchia che offrono programmi di affiliazione e studiate le loro offerte e i tassi di commissione.

2. Iscrivetevi a questi programmi e ottenete codici di tracciamento o link di riferimento per promuovere i prodotti o i servizi di queste aziende sul vostro sito.
3. Aggiungete link o banner pubblicitari sul vostro sito per promuovere questi prodotti o servizi.

4. Utilizzate gli strumenti di tracciamento delle prestazioni per misurare l'efficacia delle vostre campagne di affiliazione e modificare di conseguenza la vostra strategia.

Utilizzando il marketing di affiliazione per promuovere i prodotti o i servizi di altre aziende sul vostro sito, potete indirizzare il traffico verso quei prodotti e guadagnare una commissione sulle vendite effettuate attraverso i vostri link.

PARTECIPATE A EVENTI ONLINE E OFFLINE E PROMUOVETELI SUL VOSTRO SITO WEB.

Partecipare a eventi online o offline e promuoverli sul vostro sito può essere una strategia efficace per portare traffico al vostro sito.

Ecco alcuni modi per attuare questa strategia:

1. Individuate gli eventi rilevanti nel vostro settore di attività, sia online che offline, e registratevi per parteciparvi.

2. Promuovete questi eventi sul vostro sito web utilizzando banner pubblicitari, post sul blog o annunci sui social media.

3. Utilizzate hashtag pertinenti per rendere i vostri contenuti più facilmente visibili sui social network.

4. Utilizzate questi eventi per creare contenuti di qualità, come post sul blog o video, e condivideteli sul vostro sito web e sui social network.

Partecipando agli eventi e promuovendoli sul vostro sito, potete raggiungere un pubblico interessato a questi eventi e portare traffico al vostro sito. Per ottenere i migliori risultati, ricordate di rivolgervi al vostro pubblico e di creare contenuti di qualità.

UTILIZZATE GLI STRUMENTI DI CONTENT MARKETING PER PROMUOVERE IL VOSTRO SITO E I VOSTRI CONTENUTI.

L'utilizzo di strumenti di content marketing per promuovere il vostro sito e i vostri contenuti può essere una strategia efficace per portare traffico al vostro sito.

Ecco alcuni modi per attuare questa strategia:

1. Identificate gli strumenti di content marketing rilevanti per la vostra azienda e analizzate le loro caratteristiche e i loro prezzi.

2. Utilizzate questi strumenti per promuovere i vostri contenuti sui social network e su altre piattaforme online, come blog o siti di social media.

3. Create contenuti di qualità che rispondano alle esigenze e agli interessi del vostro pubblico di riferimento.

4. Utilizzate gli strumenti di monitoraggio delle prestazioni per misurare l'efficacia della vostra strategia di content marketing e modificarla di conseguenza.

Utilizzando gli strumenti di content marketing per promuovere il vostro sito e i vostri contenuti, potete raggiungere un pubblico più vasto e portare traffico al vostro sito. Per ottenere i migliori risultati, ricordate di rivolgervi al vostro pubblico e di creare contenuti di qualità.

PUBBLICITÀ SU RIVISTE O GIORNALI LINEE POPOLARI NELLA VOSTRA NICCHIA.

L'utilizzo di pubblicità su riviste popolari o giornali online della vostra nicchia può essere una strategia efficace per portare traffico al vostro sito.

Ecco alcuni modi per attuare questa strategia:

1. Individuate le riviste popolari o i giornali online della vostra nicchia che offrono pubblicità e studiate i prezzi e le opzioni di targeting.

2. Create annunci attraenti e mirati per il vostro pubblico di riferimento. Assicuratevi di seguire le linee guida di ogni rivista o giornale per quanto riguarda il formato e il contenuto degli annunci.

3. Utilizzate gli strumenti di monitoraggio delle prestazioni per misurare l'efficacia dei vostri annunci e modificare di conseguenza la vostra strategia.
4. Analizzate le prestazioni dei vostri annunci e utilizzate queste informazioni per migliorare la vostra strategia di marketing.

Utilizzando la pubblicità su riviste popolari o giornali online della vostra nicchia, potete raggiungere un pubblico interessato al vostro sito e generare traffico verso il vostro sito.

Per ottenere i migliori risultati, ricordate di indirizzare il vostro pubblico e di creare annunci attraenti.

INSERITE LA VOSTRA PUBBLICITÀ SUI PIÙ NOTI SITI DI ANNUNCI ONLINE.

Può essere una buona idea fare pubblicità sui siti di annunci online più popolari per raggiungere un vasto pubblico.

Ecco alcuni passaggi da seguire per impostare una campagna pubblicitaria su un sito di annunci online:

1. Scegliete il sito di annunci online dove volete pubblicare il vostro annuncio. Esistono molti siti popolari come eBay, Craiglist, Leboncoin, ecc. Assicuratevi che il sito scelto sia adatto al vostro tipo di prodotto o servizio.

2. Create un account sul sito di annunci online e seguite la procedura per pubblicare un annuncio. Assicuratevi di seguire le regole e le linee guida del sito per evitare che il vostro annuncio non venga pubblicato o venga bannato.
3. Scrivete un annuncio attraente e informativo che presenti chiaramente il vostro prodotto o servizio. Utilizzate parole chiave pertinenti per assicurarvi che il vostro annuncio appaia nei risultati di ricerca.

4. Aggiungete foto o video del vostro prodotto o servizio per aiutare gli acquirenti a farsi un'idea di ciò che stanno acquistando.

5. Stabilite un prezzo ragionevole per il vostro prodotto o servizio. Non dimenticate di includere nel prezzo di vendita i costi di pubblicità e di consegna.
6. Promuovete il vostro annuncio sui social network e su altri canali di comunicazione per raggiungere un pubblico più vasto.

È importante monitorare regolarmente le prestazioni dell'annuncio e aggiornarlo se necessario per ottenere i migliori risultati possibili.

CREATE CONTENUTI VIDEO PER YOUTUBE E PROMUOVETELI SUL VOSTRO SITO.

Creare contenuti video per YouTube e promuoverli sul vostro sito può essere una strategia efficace per raggiungere e coinvolgere il vostro pubblico.

Ecco alcuni passi da seguire per attuare questa strategia:

1. Create un account YouTube e iniziate a pubblicare contenuti video. Potete scegliere di creare video sulla vostra azienda, sui vostri prodotti o servizi, tutorial, dimostrazioni, ecc.

2. Ottimizzate i vostri video in modo che siano facilmente reperibili su YouTube. A tal fine, utilizzate titoli e descrizioni accattivanti e aggiungete parole chiave pertinenti ai vostri video.

3. Promuovete i vostri video sul vostro sito web e sui social network. Aggiungete i link ai vostri video nei post del blog e sui social media per incoraggiare i vostri follower a guardarli.

4. Coinvolgete il vostro pubblico rispondendo ai commenti e alle domande sui vostri video. Questo vi aiuterà a costruire una comunità intorno al vostro canale YouTube.

5. Utilizzate gli strumenti pubblicitari di YouTube per promuovere i vostri video a un pubblico mirato. È possibile indirizzare la pubblicità in base a diversi criteri, come l'età, il sesso, la posizione geografica, gli interessi, ecc.

Creando contenuti video di qualità e promuovendoli in modo strategico, potete raggiungere un pubblico più ampio e aumentare la visibilità della vostra azienda su YouTube e su Internet in generale.

PARTECIPATE A CONFERENZE O EVENTI ONLINE E PROMUOVETELI SUL VOSTRO SITO WEB.

Partecipare a conferenze o eventi online e promuoverli sul proprio sito web può essere una strategia efficace per aumentare la propria visibilità e credibilità nel proprio settore di competenza.

Ecco alcuni passi da seguire per attuare questa strategia:

1. Identificate le conferenze o gli eventi online che sono rilevanti per la vostra area di competenza e che potrebbero essere interessanti per il vostro pubblico. Potete utilizzare gli strumenti di ricerca online per trovare questi eventi o iscrivervi alle newsletter per essere informati sulle ultime opportunità.

2. Proporre una presentazione o un workshop per partecipare a questi eventi. Assicuratevi di presentare una proposta di qualità che aggiunga valore ai partecipanti.
3. Una volta confermata la partecipazione all'evento, promuovetelo sul vostro sito web e sui social network. Aggiungete informazioni sull'evento e sulla vostra partecipazione alla sezione "eventi" o "notizie" del vostro sito web.

4. Durante l'evento, assicuratevi di condividere contenuti sui social network per informare il pubblico della vostra

presenza e per incoraggiare le persone interessate a seguire la vostra presentazione. Potete anche creare un hashtag specifico per l'evento per rendere più facile seguire i vostri post.

5. Dopo l'evento, condividete altri contenuti sul vostro sito web e sui social network per mantenere il vostro pubblico impegnato. Ad esempio, è possibile pubblicare relazioni, presentazioni o video di presentazione.

Partecipando a conferenze o eventi online e promuovendoli sul vostro sito web, potete aumentare la vostra visibilità presso un pubblico mirato e costruire la vostra credibilità come esperti nel vostro campo.

CREATE UN ACCOUNT SU INSTAGRAM E UTILIZZATELO PER PROMUOVERE IL VOSTRO SITO E I VOSTRI PRODOTTI O SERVIZI.

Creare un account su Instagram e utilizzarlo per promuovere il vostro sito e i vostri prodotti o servizi può essere una strategia efficace per raggiungere e coinvolgere il vostro pubblico.

Ecco alcuni passi da seguire per attuare questa strategia:

1. Create un account Instagram e completate il vostro profilo aggiungendo informazioni sulla vostra azienda e sulla vostra attività. Assicuratevi di aggiungere un link al vostro sito web nel vostro profilo, in modo che gli utenti possano accedervi facilmente.

2. Pubblicate regolarmente contenuti visivamente accattivanti sul vostro account. Potete condividere foto o video dei vostri prodotti o servizi, foto del vostro team o della vostra azienda, tutorial, dimostrazioni, ecc.

3. Utilizzate hashtag pertinenti per facilitare la ricerca dei vostri contenuti da parte degli utenti. Potete anche utilizzare le funzioni di geolocalizzazione e di tagging per rendere i vostri contenuti ancora più visibili.

4. Coinvolgete il vostro pubblico rispondendo ai commenti e alle domande sui vostri post. Questo vi permetterà di creare una comunità intorno al vostro account Instagram.

5. Utilizzate gli strumenti pubblicitari di Instagram per promuovere il vostro account e i vostri prodotti o servizi a un pubblico mirato. È possibile indirizzare la pubblicità in base a vari criteri, come l'età, il sesso, la posizione geografica, gli interessi, ecc.

Pubblicando contenuti di qualità su Instagram e coinvolgendo il vostro pubblico, potete aumentare la visibilità della vostra azienda e dei vostri prodotti o servizi a un vasto pubblico.

UTILIZZATE GLI HASHTAG PIÙ POPOLARI SUI SOCIAL NETWORK PER PROMUOVERE IL VOSTRO SITO E I VOSTRI CONTENUTI.

L'utilizzo di hashtag popolari sui social network per promuovere il vostro sito e i vostri contenuti può essere una strategia efficace per raggiungere un pubblico più ampio e aumentare la visibilità della vostra azienda.

Ecco alcuni passi da seguire per attuare questa strategia:

1. Identificate gli hashtag rilevanti per la vostra attività e i vostri contenuti. Potete utilizzare gli strumenti di ricerca degli hashtag per trovare gli hashtag più popolari nel vostro settore. Ricordate di variare gli hashtag per raggiungere diversi segmenti del vostro pubblico.

2. Aggiungete hashtag pertinenti ai vostri post sui social media. Su Instagram, ad esempio, è possibile aggiungere fino a 30 hashtag a ogni post. Ricordate di seguire le regole di ogni social network sull'uso degli hashtag.

3. Seguite gli hashtag rilevanti per la vostra attività e coinvolgete gli utenti che pubblicano contenuti con quegli hashtag. Questo vi permetterà di creare una comunità intorno ai vostri hashtag e di migliorare il coinvolgimento

del vostro pubblico.

4. Utilizzate gli strumenti pubblicitari dei social network per promuovere i vostri post con hashtag mirati. È possibile indirizzare la pubblicità in base a diversi criteri, come l'età, il sesso, la posizione geografica, gli interessi, ecc.

Utilizzando hashtag popolari sui social network e coinvolgendo il vostro pubblico attorno a questi hashtag, potete raggiungere un pubblico più ampio e aumentare la visibilità della vostra azienda sui social network.

SCAMBIATE LINK CON ALTRI SITI POPOLARI NELLA VOSTRA NICCHIA.

Collegarsi ad altri siti popolari nella vostra nicchia può essere una strategia efficace per migliorare la visibilità del vostro sito e per migliorare la vostra SEO.

Ecco alcuni passi da seguire per attuare questa strategia:

1. Identificate i siti più popolari della vostra nicchia che potrebbero essere interessati a scambiare link con voi. Potete utilizzare gli strumenti di ricerca dei link per trovare questi siti o chiedere ai vostri colleghi o partner se conoscono siti rilevanti.

2. Contattate i proprietari di questi siti per proporre uno scambio di link. Assicuratevi di spiegare in che modo il vostro sito può essere utile ai loro visitatori e perché uno scambio di link sarebbe vantaggioso per entrambe le parti.

3. Aggiungete al vostro sito i link dei siti con cui avete effettuato lo scambio di link. Potete aggiungerli nel piè di pagina, nel menu di navigazione o in una sezione dedicata ai vostri partner sul vostro sito.

4. Controllate regolarmente i link al vostro sito per assicurarvi che siano ancora attivi e che i siti a cui vi siete collegati siano conformi alle regole di netlinking di Google.

Scambiando link con altri siti popolari nella vostra nicchia, potete migliorare il vostro SEO e aumentare la visibilità del vostro sito presso un pubblico mirato.

Ricordate che lo scambio di link deve avvenire in modo naturale e che non si devono comprare o vendere link.

PUBBLICITÀ SUI SITI DI ANNUNCI ONLINE LOCALI.

La pubblicità sui siti di annunci online locali può essere una strategia efficace per raggiungere un pubblico mirato in una determinata area.

Ecco alcuni passaggi da seguire per impostare una campagna pubblicitaria su un sito di annunci online locale:

1. Individuate i siti di annunci online più popolari nella vostra zona. Potete utilizzare gli strumenti di ricerca online per trovare questi siti o chiedere ai vostri colleghi o partner se conoscono siti rilevanti.

2. Create un account sul sito di annunci online e seguite la procedura per pubblicare un annuncio. Assicuratevi di seguire le regole e le linee guida del sito per evitare che il vostro annuncio non venga pubblicato.

3. Scrivete un annuncio attraente e informativo che presenti chiaramente il vostro prodotto o servizio. Utilizzate parole chiave pertinenti per assicurarvi che il vostro annuncio appaia nei risultati di ricerca.

4. Aggiungete foto o video del vostro prodotto o servizio per aiutare gli acquirenti a farsi un'idea di ciò che stanno acquistando.

5. Stabilite un prezzo ragionevole per il vostro prodotto o servizio. Non dimenticate di includere nel prezzo di vendita i costi di pubblicità e di consegna.

6. Promuovete il vostro annuncio sui social network e su altri canali di comunicazione per raggiungere un pubblico più ampio. È importante monitorare regolarmente le prestazioni del proprio annuncio e aggiornarlo se necessario per ottenere i migliori risultati possibili.

La pubblicità sui siti di annunci online locali consente di raggiungere un pubblico mirato in una determinata area, il che è ideale per ottenere clienti a livello locale.

CREATE CONTENUTI PER PINTEREST E UTILIZZATELI PER PROMUOVERE IL VOSTRO SITO E I VOSTRI PRODOTTI O SERVIZI.

Creare contenuti per Pinterest e utilizzarli per promuovere il vostro sito e i vostri prodotti o servizi può essere una strategia efficace per raggiungere e coinvolgere il vostro pubblico.

Ecco alcuni passi da seguire per attuare questa strategia:

1. Create un account Pinterest e iniziate a pubblicare contenuti visivamente accattivanti. Potete pubblicare immagini dei vostri prodotti o servizi, tutorial, idee di arredamento, ricette, ecc.

2. Ottimizzate le vostre bacheche e i vostri pin in modo che siano facilmente reperibili su Pinterest. A tal fine, utilizzate titoli e descrizioni accattivanti e aggiungete parole chiave pertinenti ai vostri pin.
3. Utilizzate le funzioni di geolocalizzazione e tagging per rendere i vostri contenuti ancora più visibili.

4. Coinvolgete il vostro pubblico rispondendo ai commenti e alle domande sui vostri pin. Questo vi permetterà di creare una comunità intorno al vostro profilo Pinterest.

5. Utilizzate gli strumenti pubblicitari di Pinterest per promuovere i vostri pin a un pubblico mirato. È possibile indirizzare la pubblicità in base a diversi criteri, come l'età, il sesso, la posizione geografica, gli interessi, ecc.

Pubblicando contenuti di qualità su Pinterest e coinvolgendo il vostro pubblico, potete aumentare la visibilità della vostra azienda e dei vostri prodotti fisici o digitali.

UTILIZZATE GLI STRUMENTI DI SMS MARKETING PER INVIARE MESSAGGI AI VOSTRI CLIENTI E PROMUOVERE IL VOSTRO SITO.

L'utilizzo di strumenti di SMS marketing per inviare messaggi ai vostri clienti e promuovere il vostro sito web può essere una strategia efficace per raggiungere il vostro pubblico in modo rapido e mirato.

Ecco alcuni passi da seguire per attuare questa strategia:

1. Identificate gli strumenti di SMS marketing più adatti alla vostra azienda e al vostro budget. Potete utilizzare strumenti online che vi permettono di inviare SMS ai vostri clienti o strumenti di gestione delle campagne SMS che offrono funzioni più avanzate.
2. Create un elenco di numeri di telefono dei vostri clienti o delle persone interessate alla vostra attività. Assicuratevi di rispettare le leggi in materia di SMS marketing e di non inviare messaggi non richiesti a persone non interessate alla vostra attività.

3. Scrivete messaggi brevi e incisivi che presentino chiaramente la vostra offerta e incoraggino i destinatari a visitare il vostro sito. Non dimenticate di inserire nel

messaggio un link al vostro sito.

4. Programmate l'invio dei messaggi SMS nei momenti in cui ritenete che i vostri destinatari siano più ricettivi. Ad esempio, è possibile inviare messaggi al mattino per raggiungere le persone prima che inizino a lavorare o alla sera per raggiungere le persone che stanno tornando a casa.

5. Tracciate le prestazioni delle vostre campagne SMS e modificate la campagna e i messaggi per ottenere risultati migliori.

PUBBLICITÀ SU GIORNALI O RIVISTE LOCALI.

La pubblicità su giornali o riviste locali può essere una strategia efficace per raggiungere un pubblico mirato in una determinata area.

Ecco alcuni passi da seguire per impostare una campagna pubblicitaria su un giornale o una rivista locale:

1. Identificate i giornali o le riviste locali che sono rilevanti per la vostra attività e per il vostro pubblico di riferimento. Potete utilizzare gli strumenti di ricerca online per trovare questi giornali o riviste o chiedere ai vostri contatti o partner se conoscono pubblicazioni rilevanti.

2. Contattate le redazioni di questi giornali o riviste per ottenere informazioni sulle tariffe pubblicitarie e sulle modalità di diffusione. Assicuratevi di spiegare loro perché la vostra azienda e la vostra offerta sono interessanti per i loro lettori.

3. Scrivete un annuncio attraente e informativo che presenti chiaramente il vostro prodotto o servizio. Utilizzate parole chiave pertinenti per garantire che il vostro annuncio sia visibile nei risultati di ricerca.

4. Aggiungete foto o illustrazioni che mettano in evidenza il vostro prodotto o servizio. Se possibile, aggiungete un elemento visivo che incoraggi i lettori a contattarvi o a

visitare il vostro sito.

5. Stabilite un budget pubblicitario ragionevole in base al vostro target e obiettivo. Non dimenticate di includere nel budget i costi di produzione dell'annuncio (fotografia, illustrazione, ecc.).

6. Monitorate l'efficacia del vostro annuncio e modificatelo, se necessario, per ottenere i migliori risultati possibili.

Facendo pubblicità su giornali o riviste locali, potete raggiungere un pubblico mirato in una determinata area e migliorare la visibilità della vostra attività online nella vita reale.

OTTIMIZZARE IL SITO MOBILE PER I MOTORI DI RICERCA (SEO).

L'ottimizzazione per i motori di ricerca (SEO) del vostro sito mobile può essere una strategia efficace per migliorare la SEO del vostro sito e renderlo più visibile agli utenti di smartphone e tablet.

Ecco alcuni passi da seguire per implementare una strategia SEO mobile:

1. Assicuratevi che il vostro sito sia compatibile con i dispositivi mobili. Potete utilizzare strumenti online per verificare se il vostro sito è ottimizzato per i dispositivi mobili o chiedere ai vostri sviluppatori di controllare che il vostro sito soddisfi i criteri di Google per i siti mobili.

2. Ottimizzate i meta tag del vostro sito per i dispositivi mobili. In particolare, è necessario aggiungere un tag "viewport" che indichi ai browser come visualizzare il sito sui dispositivi mobili.

3. Ottimizzate il contenuto del vostro sito per i dispositivi mobili. In particolare, è necessario evitare contenuti difficili da leggere su schermi piccoli e utilizzare titoli e sottotitoli per strutturare i contenuti.

4. Creare un piano di navigazione mobile-friendly. Ciò include l'uso di menu a discesa o pulsanti di navigazione per

facilitare l'accesso alle diverse pagine del sito.

5. Migliorare la velocità di caricamento del sito sui dispositivi mobili. È possibile utilizzare strumenti online per misurare la velocità di caricamento del sito e identificare gli elementi che lo rallentano.

6. Tracciate le prestazioni del vostro sito su mobile e, se necessario, modificate la vostra strategia SEO. È possibile utilizzare strumenti di tracciamento del carico di pagina per ottimizzare le pagine.

CREATE CONTENUTI PER LINKEDIN E UTILIZZATELI PER PROMUOVERE IL VOSTRO SITO E LA VOSTRA ATTIVITÀ.

Creare contenuti per LinkedIn e utilizzarli per promuovere il vostro sito e la vostra attività può essere una strategia efficace per raggiungere e coinvolgere il vostro pubblico professionale.

Ecco alcuni passi da seguire per attuare questa strategia:

1. Create un profilo professionale su LinkedIn e completatelo con le vostre informazioni e competenze professionali. Aggiungete un'immagine del profilo e un banner per personalizzare il vostro profilo.

2. Pubblicate contenuti di qualità sul vostro profilo LinkedIn. Potete pubblicare articoli, tutorial, infografiche, video, ecc. che mostrino la vostra esperienza e il vostro know-how.
3. Ottimizzate i vostri post in modo che siano facilmente reperibili su LinkedIn. A tal fine, utilizzate titoli e descrizioni accattivanti e aggiungete parole chiave pertinenti ai vostri post.

4. Coinvolgete il vostro pubblico rispondendo ai commenti e alle domande sui vostri post. Questo vi permetterà di creare una comunità intorno al vostro profilo LinkedIn.

5. Utilizzate gli strumenti pubblicitari di LinkedIn per

promuovere i vostri post a un pubblico mirato. È possibile targettizzare la pubblicità in base a diversi criteri, come il lavoro, il settore, il livello di responsabilità, gli interessi, ecc.

Pubblicando contenuti di qualità su LinkedIn e coinvolgendo il vostro pubblico, potete aumentare la visibilità della vostra azienda e del vostro sito presso i membri di questo social network professionale.

UTILIZZATE GLI STRUMENTI DI MARKETING PER LE NOTIFICHE PUSH PER INVIARE NOTIFICHE AI VOSTRI UTENTI E PROMUOVERE IL VOSTRO SITO.

L'utilizzo di strumenti di marketing con notifiche push per inviare notifiche ai vostri utenti e promuovere il vostro sito può essere una strategia efficace per raggiungere il vostro pubblico in modo rapido e mirato.

Ecco alcuni passi da seguire per attuare questa strategia:

1. Individuate gli strumenti di marketing con notifiche push più adatti alla vostra attività e al vostro budget. Potete utilizzare strumenti online che vi permettono di inviare notifiche ai vostri utenti o strumenti di gestione delle campagne di notifica che offrono funzioni più avanzate.
2. Create un elenco di contatti dei vostri utenti o delle persone interessate alla vostra attività. Assicuratevi di rispettare le leggi sul marketing di notifica e di non inviare notifiche non richieste a persone che non sono interessate alla vostra attività.

3. Scrivete notifiche brevi e incisive che presentino

chiaramente la vostra offerta e incoraggino i destinatari a visitare il vostro sito. Non dimenticate di includere un link al vostro sito nella notifica.

4. Programmate l'invio delle notifiche nei momenti in cui ritenete che i vostri destinatari siano più ricettivi. Ad esempio, è possibile inviare notifiche al mattino per raggiungere le persone prima che inizino la loro giornata lavorativa o alla sera per raggiungere le persone che stanno tornando a casa.

5. Tracciate le prestazioni delle vostre campagne per misurarne la pertinenza.

CREATE CONTENUTI PER TIKTOK E UTILIZZATELI PER PROMUOVERE IL VOSTRO SITO E I VOSTRI PRODOTTI O SERVIZI.

Creare contenuti per TikTok e utilizzarli per promuovere il vostro sito e i vostri prodotti o servizi può essere una strategia efficace per raggiungere e coinvolgere un pubblico giovane e attivo sui social network.

Ecco alcuni passi da seguire per attuare questa strategia:

1. Create un account TikTok e completate il vostro profilo con le vostre informazioni e le foto del profilo e del banner. Assicuratevi di scegliere un nome utente che sia facile da ricordare e che corrisponda al vostro marchio.

2. Creare contenuti per TikTok che mostrino la vostra azienda e i vostri prodotti o servizi in modo creativo e divertente. È possibile utilizzare brevi video, musica popolare, effetti visivi e hashtag per rendere i contenuti più coinvolgenti.

3. Utilizzate hashtag pertinenti nei vostri post in modo che i vostri contenuti siano facilmente reperibili su TikTok. Potete utilizzare gli strumenti di ricerca degli hashtag per trovare gli hashtag più popolari nel vostro settore.

4. Coinvolgete il vostro pubblico rispondendo ai commenti e

alle domande sui vostri post. Questo vi permetterà di creare una comunità intorno al vostro profilo TikTok.

5. Utilizzate gli strumenti pubblicitari di TikTok per moltiplicare la visibilità delle vostre pubblicazioni.

UTILIZZATE GLI STRUMENTI DI CONTENT MARKETING PER CREARE CONTENUTI VISIVAMENTE ACCATTIVANTI E CONDIVIDERLI SUI SOCIAL NETWORK.

L'utilizzo di strumenti di content marketing per creare contenuti visivamente accattivanti e condividerli sui social network può essere una strategia efficace per raggiungere e coinvolgere il pubblico sui social network.

Ecco alcuni passi da seguire per attuare questa strategia:

1. Identificate gli strumenti di content marketing più adatti alla vostra azienda e al vostro budget. È possibile utilizzare strumenti online che consentono di creare contenuti visivi (come Canva o Piktochart) o strumenti di gestione delle campagne di contenuti che offrono funzionalità più avanzate (come Hootsuite o Buffer).

2. Create contenuti visivamente accattivanti che presentino la vostra azienda e i vostri prodotti o servizi in modo creativo e originale. Potete utilizzare foto, infografiche, video, ecc. per rendere i vostri contenuti più d'impatto.

3. Ottimizzate i vostri post in modo che siano facilmente reperibili sui social network. A tal fine, utilizzate titoli e descrizioni accattivanti e aggiungete parole chiave pertinenti ai vostri post.

4. Condividete i vostri contenuti sui social network che sono rilevanti per la vostra attività e il vostro pubblico di riferimento.

CREATE CONTENUTI PER REDDIT E UTILIZZATELI PER PROMUOVERE IL VOSTRO SITO E I VOSTRI PRODOTTI O SERVIZI.

Creare contenuti per Reddit e utilizzarli per promuovere il vostro sito e i vostri prodotti o servizi può essere una strategia efficace per raggiungere e coinvolgere un pubblico attivo e impegnato sui social network.

Ecco alcuni passi da seguire per attuare questa strategia:

1. Create un account Reddit e completate il vostro profilo con le vostre informazioni e le foto del profilo e del banner. Assicuratevi di scegliere un nome utente che sia facile da ricordare e che corrisponda al vostro marchio.

2. Partecipate alle discussioni su Reddit rispondendo alle domande e ai commenti degli utenti. Questo vi permetterà di ottenere visibilità sulla piattaforma e di sviluppare la vostra reputazione.
3. Create contenuti per Reddit che presentino la vostra azienda e i vostri prodotti o servizi in modo interessante e informativo. Potete utilizzare testo, foto, video, ecc. per rendere i vostri contenuti più accattivanti.

4. Utilizzate hashtag pertinenti nei vostri post in modo che i

vostri contenuti siano facilmente reperibili su Reddit. Potete utilizzare gli strumenti di ricerca degli hashtag per trovare gli hashtag più popolari nel vostro settore.

5. Coinvolgete il vostro pubblico rispondendo ai commenti e alle domande sui vostri post. Questo vi permetterà di creare una comunità intorno al vostro profilo Reddit.

6. Utilizzate gli strumenti pubblicitari di Reddit per promuovere i vostri post a un pubblico mirato. Potete indirizzare la vostra pubblicità in base a vari criteri, come il lavoro, il settore, il livello di responsabilità, gli interessi.

CREATE CONTENUTI PER I PODCAST E UTILIZZATELI PER PROMUOVERE IL VOSTRO SITO E I VOSTRI PRODOTTI O SERVIZI.

Creare contenuti per i podcast e utilizzarli per promuovere il vostro sito e i vostri prodotti o servizi può essere una strategia efficace per raggiungere e coinvolgere un pubblico che ama ascoltare contenuti audio sui social network.

Ecco alcuni passi da seguire per attuare questa strategia:

1. Individuate temi e argomenti rilevanti per la vostra attività e che possano interessare il vostro pubblico. Potete utilizzare gli strumenti di ricerca online per trovare podcast popolari nel vostro settore e con un pubblico simile al vostro.

2. Create un piano di contenuti per il vostro podcast che includa i temi e gli argomenti che tratterete in ogni episodio. Potete invitare esperti, clienti o partner ad arricchire i vostri contenuti.

3. Investite in attrezzature di qualità per registrare il vostro podcast. Per registrare e modificare il podcast è necessario un microfono, un software di editing audio e un computer.

4. Registrate e modificate il vostro podcast seguendo le

buone pratiche del settore. Assicuratevi che l'audio sia di alta qualità e che i contenuti siano chiari e facilmente comprensibili.

5. Pubblicate il vostro podcast su una piattaforma di distribuzione online come iTunes, Spotify o Google Podcast. Potete anche pubblicare il vostro podcast sul vostro sito web

A COSA SERVE ATTIRARE TRAFFICO MIRATO SU UN SITO WEB?

Attirare traffico mirato su un sito web può essere vantaggioso per diversi motivi:

1. Migliorare il tasso di conversione: se il traffico che arriva al vostro sito web è composto da persone realmente interessate al vostro prodotto o servizio, è più probabile che diventino clienti.

2. Aumentare le vendite e le entrate: più visitatori ci sono sul vostro sito web, più è probabile che li convertiate in clienti, aumentando così le vendite e le entrate.

3. Migliorare la consapevolezza del marchio: più visitatori ci sono sul vostro sito web, più siete visibili e più il vostro marchio è conosciuto.

4. Migliorare la qualità del vostro sito web: se attirate traffico mirato sul vostro sito web, potete raccogliere dati sui visitatori e utilizzare queste informazioni per migliorare il vostro sito web in base alle loro esigenze e ai loro interessi.

In sintesi, attirare traffico mirato verso il vostro sito web può aiutarvi a migliorare il tasso di conversione, ad aumentare le vendite e le entrate, a costruire la consapevolezza del marchio e a migliorare la qualità del vostro sito.

MIGLIORARE IL TASSO DI CONVERSIONE

Il miglioramento del tasso di conversione è uno dei principali vantaggi di attirare traffico mirato su un sito web.

Il tasso di conversione misura la percentuale di visitatori che compiono un'azione specifica sul vostro sito web, come la compilazione di un modulo di contatto, l'acquisto di un prodotto o l'iscrizione a una newsletter.

Se attirate traffico mirato sul vostro sito web, significa che state attirando persone realmente interessate a ciò che avete da offrire. Queste persone hanno quindi maggiori probabilità di diventare potenziali clienti e di intraprendere azioni sul vostro sito web. Di conseguenza, il tasso di conversione può aumentare.

Ecco alcuni esempi di strategie per migliorare i tassi di conversione attraverso il traffico mirato:

1. Create contenuti di qualità che rispondano alle esigenze e agli interessi del vostro pubblico di riferimento.

2. Utilizzate inviti all'azione chiari e potenti per incoraggiare i visitatori ad agire.

3. Ottimizzate il vostro sito web per i dispositivi mobili per migliorare l'esperienza dell'utente.

4. Fare offerte speciali per incoraggiare i visitatori ad agire

rapidamente

5. Fornire assistenza in tempo reale per rispondere alle domande e ai dubbi dei visitatori.

Implementando queste strategie, potrete migliorare il tasso di conversione del vostro sito web e ottenere risultati migliori dalla vostra strategia di marketing online.

AUMENTARE LE VENDITE E LE ENTRATE

Attirare traffico mirato su un sito web può anche contribuire ad aumentare le vendite e i ricavi della vostra azienda. Maggiore è il numero di visitatori del vostro sito web, maggiore è la probabilità di convertirli in clienti.

Ecco alcuni esempi di strategie per aumentare le vendite e i ricavi grazie al traffico mirato:

1. Utilizzate annunci pubblicitari mirati per attirare visitatori sul vostro sito web.

2. Offrite prodotti o servizi che soddisfino le esigenze e gli interessi del vostro pubblico di riferimento.

3. Create contenuti di qualità che presentino il vostro prodotto o servizio in modo attraente e convincente.

4. Utilizzate inviti all'azione chiari e potenti per incoraggiare i visitatori ad acquistare.

5. Ottimizzate il vostro sito web per l'ottimizzazione dei motori di ricerca per attirare traffico organico mirato.

Implementando queste strategie, potrete aumentare le vendite e i ricavi della vostra azienda attirando traffico mirato sul vostro sito web. È importante notare che, affinché ciò funzioni, è essenziale fornire un prodotto o un servizio di qualità e creare un'esperienza di acquisto piacevole per i visitatori del sito web.

MIGLIORARE LA CONSAPEVOLEZZA DEL PROPRIO MARCHIO

Attirare traffico mirato sul vostro sito web può anche aiutarvi a migliorare la consapevolezza del vostro marchio. Più visitatori ci sono sul vostro sito web, più siete visibili e più il vostro marchio è conosciuto.

Ecco alcuni esempi di strategie per aumentare la notorietà del vostro marchio attraverso un traffico mirato:

1. Utilizzate i social media per promuovere il vostro sito web e il vostro marchio.

2. Condividete contenuti di qualità sul vostro sito web e su altri siti per stabilire la vostra competenza e credibilità.

3. Utilizzate annunci pubblicitari mirati per raggiungere il vostro pubblico di riferimento.

4. Offrite contenuti gratuiti, come ebook o guide, per indirizzare il traffico verso il vostro sito web.
5. Partecipate a eventi online o fiere virtuali per rafforzare la vostra presenza online.

Implementando queste strategie, potete migliorare la notorietà del vostro marchio portando traffico mirato al vostro sito web. È importante notare che, affinché questo funzioni, è essenziale creare contenuti di qualità e rimanere attivi sui social network e su altre piattaforme online.

MIGLIORARE LA QUALITÀ DEL VOSTRO SITO WEB

Attirare traffico mirato sul vostro sito web può anche aiutarvi a migliorare la qualità del vostro sito. Più visitatori ci sono sul vostro sito web, più avete la possibilità di raccogliere dati sul loro comportamento e sui loro interessi. Potete utilizzare queste informazioni per migliorare il vostro sito web in base alle loro esigenze e ai loro interessi.

Ecco alcuni esempi di strategie per migliorare la qualità del vostro sito web grazie al traffico mirato:

1. Utilizzate gli strumenti di tracciamento del comportamento dei visitatori per ottenere dati sulle loro azioni sul vostro sito web.

2. Chiedete ai vostri visitatori di compilare sondaggi o questionari per ottenere informazioni sulle loro esigenze e interessi.

Utilizzate chatbot o assistenti virtuali per fornire assistenza in tempo reale ai visitatori e rispondere alle loro domande.

3. Ottimizzate il vostro sito web per i dispositivi mobili per migliorare l'esperienza dell'utente.

4. Create contenuti di qualità che rispondano alle esigenze e agli interessi del vostro pubblico di riferimento.

Implementando queste strategie, potrete migliorare la qualità del vostro sito web attirandovi traffico mirato. È importante notare che, affinché ciò funzioni, è essenziale raccogliere e analizzare i dati su base regolare e implementare i cambiamenti sulla base di questi dati.

QUALI SONO I RISCHI DI ATTIRARE TRAFFICO NON MIRATO SU UN SITO WEB?

Attirare traffico non mirato su un sito web può presentare diversi rischi per l'azienda o il proprietario del sito.
Alcuni esempi di questi rischi sono

1. **Basso tasso di conversione:** se i visitatori del sito non sono interessati a ciò che ha da offrire, non saranno propensi a compiere alcuna azione (acquisto, iscrizione alla newsletter, ecc.) sul sito, il che può tradursi in un basso tasso di conversione.

2. **Costi elevati: la** generazione di traffico non mirato può richiedere notevoli sforzi di marketing, con conseguenti costi elevati per l'azienda.

3. **Cattiva reputazione:** se i visitatori del sito sono frustrati perché non trovano ciò che cercano, possono lasciare recensioni negative sul sito, danneggiando la sua reputazione.

4. **Basso coinvolgimento:** se i visitatori del sito non sono interessati ai suoi contenuti, non rimarranno a lungo sul sito e non interagiranno con esso, il che può portare a un basso coinvolgimento.

È quindi importante indirizzare il traffico verso il vostro sito web in modo da attirare visitatori interessati a ciò che avete da offrire e che hanno maggiori probabilità di convertirsi in clienti o di impegnarsi nel sito.

UN BASSO TASSO DI CONVERSIONE

I bassi tassi di conversione sono uno dei maggiori rischi di attirare traffico non mirato su un sito web. Se i visitatori del sito non sono interessati a ciò che il sito ha da offrire, non saranno propensi a compiere alcuna azione (acquisto, iscrizione a una newsletter, ecc.) sul sito.

Questo può essere uno spreco di tempo e denaro per l'azienda che ha investito nella generazione di questo traffico.

Il tasso di conversione è la percentuale di visitatori che compiono un'azione sul sito rispetto al numero totale di visitatori. Un basso tasso di conversione indica che pochi visitatori del sito sono interessati a ciò che ha da offrire e che è difficile convertirli in clienti.

È quindi importante indirizzare il traffico verso il vostro sito web in modo da attirare visitatori interessati a ciò che avete da offrire e che hanno maggiori probabilità di convertirsi in clienti. Ciò può essere fatto utilizzando parole chiave mirate nelle campagne pubblicitarie, indirizzando gli annunci su siti web rilevanti per la vostra attività o utilizzando tecniche di content marketing per attirare visitatori interessati a ciò che offrite.

UN COSTO ELEVATO PER L'AZIENDA

Generare traffico non mirato può richiedere notevoli sforzi di marketing, che possono essere costosi per l'azienda.

Questo può accadere se l'azienda utilizza costose campagne pubblicitarie per attirare i visitatori del suo sito, o se investe tempo e denaro nella creazione di contenuti di qualità che non attirano i visitatori del sito.

È quindi importante indirizzare il traffico verso il vostro sito web in modo da attirare visitatori interessati a ciò che avete da offrire e che hanno maggiori probabilità di convertirsi in clienti. Ciò può essere fatto utilizzando parole chiave mirate nelle campagne pubblicitarie, indirizzando gli annunci su siti web rilevanti per la vostra attività o utilizzando tecniche di content marketing per attirare visitatori interessati a ciò che offrite.

Indirizzando il traffico in modo efficace, l'azienda può evitare di spendere soldi e tempo per generare traffico che non si convertirà in clienti.

CATTIVA REPUTAZIONE

Se i visitatori del sito non sono interessati a ciò che ha da offrire e non trovano ciò che cercano, possono lasciare recensioni negative sul sito, danneggiando la sua reputazione.

Le recensioni online sono molto importanti per la reputazione di un sito web, in quanto possono influenzare la decisione di acquisto dei futuri visitatori. Se un sito ha molte recensioni negative, questo può scoraggiare i visitatori dall'acquistare o dal navigare.

È quindi importante indirizzare il traffico verso il vostro sito web in modo da attirare visitatori interessati a ciò che avete da offrire e più propensi a lasciare recensioni positive. Ciò può essere fatto utilizzando parole chiave mirate nelle campagne pubblicitarie, indirizzando gli annunci su siti web rilevanti per la vostra attività o utilizzando tecniche di content marketing per attirare visitatori interessati a ciò che offrite. Indirizzando il traffico in modo efficace, l'azienda può evitare di ricevere recensioni negative online e di danneggiare la propria reputazione.

BASSO IMPEGNO

Se i visitatori del sito non sono interessati ai contenuti, non rimarranno a lungo sul sito e non interagiranno con esso, il che può portare a un basso coinvolgimento.

Il coinvolgimento si riferisce alle azioni che i visitatori compiono sul sito, come ad esempio rimanere sul sito per lunghi periodi di tempo, cliccare su diversi link o condividere i contenuti sui social network. Un basso coinvolgimento può indicare che i visitatori del sito non sono interessati a ciò che il sito offre e non trovano valore in ciò che offre.

10 IDEE PER MONETIZZARE IL TRAFFICO DEL VOSTRO SITO WEB

1. Monetizzate il vostro sito attraverso la pubblicità online. Potete utilizzare agenzie pubblicitarie come Google AdSense o Media.net per visualizzare annunci sul vostro sito e guadagnare ogni volta che un visitatore fa clic su un annuncio.

2. Vendere prodotti o servizi online. Se avete un prodotto o un servizio da vendere, potete utilizzare il vostro sito per promuoverlo e venderlo direttamente ai visitatori.
3. Fare marketing di affiliazione. Se avete un sito su un argomento specifico, potete promuovere prodotti o servizi correlati come affiliati e guadagnare una commissione su ogni vendita generata.

4. Affittate spazi pubblicitari sul vostro sito. Se avete un sito che riceve molto traffico, potete affittare spazi pubblicitari ad altre aziende che vogliono promuovere i loro prodotti o servizi sul vostro sito.
5. Monetizzate il vostro sito con contenuti premium. Potete chiedere ai visitatori di pagare per accedere a determinati contenuti esclusivi o a funzioni avanzate del vostro sito.

6. Offrire abbonamenti a pagamento. Se il vostro sito offre contenuti o servizi online regolarmente aggiornati, potete offrire abbonamenti a pagamento per accedere a tali contenuti o servizi.

7. Monetizzate il vostro sito attraverso le donazioni. Se avete un sito di contenuti educativi o di beneficenza, potete chiedere ai

visitatori di fare donazioni per sostenere il vostro lavoro.

8. Monetizzate il vostro sito con contenuti personalizzati. Potete offrire contenuti personalizzati per conto del vostro marchio o di uno dei vostri prodotti di punta.

9. Monetizzate il vostro sito con webinar o conferenze online. Se siete esperti in un campo particolare, potete organizzare webinar o conferenze online e venderli sul vostro sito.

10. Monetizzate il vostro sito con i servizi di matchmaking che vi pagano per ogni lead presente nel loro database.

MONETIZZATE IL VOSTRO SITO WEB CON LA PUBBLICITÀ ONLINE

Per monetizzare il vostro sito attraverso la pubblicità online, potete utilizzare le reti pubblicitarie che vi permettono di inserire annunci sul vostro sito e di guadagnare ogni volta che un visitatore clicca su un annuncio.

Esistono diverse reti pubblicitarie popolari, tra cui Google AdSense e Media.net. Per utilizzare questi servizi, è necessario iscriversi e aggiungere annunci al proprio sito. È possibile scegliere tra diversi formati di annunci, come banner, annunci contestuali e annunci video.

Una volta aggiunti gli annunci al vostro sito, le agenzie pubblicitarie si occupano di trovare gli inserzionisti interessati a mostrare i loro annunci sul vostro sito. Si guadagna ogni volta che un visitatore fa clic su un annuncio, secondo una tariffa stabilita dall'inserzionista e dalla rete pubblicitaria.

È importante notare che per monetizzare il vostro sito attraverso la pubblicità online, dovete avere un sito che riceva abbastanza traffico perché gli annunci siano redditizi. Inoltre, è necessario essere selettivi nella visualizzazione degli annunci sul proprio sito, in modo da non danneggiare l'esperienza utente dei visitatori.

VENDENDO PRODOTTI O SERVIZI ONLINE

Per rendere redditizio il vostro sito vendendo prodotti o servizi online, dovete innanzitutto avere un prodotto o un servizio da vendere. Può trattarsi di qualsiasi cosa, dai beni fisici (come abbigliamento o accessori) ai servizi (come corsi o consulenze online).

Una volta deciso cosa vendere, è necessario creare un negozio online sul sito per consentire ai visitatori di acquistare i prodotti o i servizi. Per creare il vostro negozio potete utilizzare diverse piattaforme di e-commerce, come Shopify o WooCommerce. Queste piattaforme consentono di gestire facilmente l'inventario, i pagamenti e gli ordini.

Per promuovere i vostri prodotti o servizi, potete utilizzare diverse strategie di marketing online, come i social network, le campagne pubblicitarie online, l'email marketing e i contenuti di qualità sul vostro sito. Dovrete anche assicurarvi che il vostro sito sia ottimizzato per le conversioni, ossia che incoraggiate i visitatori ad acquistare i vostri prodotti o servizi fornendo loro un'esperienza di acquisto facile e piacevole.
È importante notare che per avere successo nella vendita di prodotti o servizi online, è necessario avere un sito web professionale e ben progettato e un prodotto o servizio di qualità. Inoltre, dovete essere in grado di gestire efficacemente gli aspetti logistici della vendita online, come la spedizione e il servizio clienti.

SOCI

Monetizzare il proprio sito attraverso l'affiliazione significa promuovere prodotti o servizi correlati al proprio sito come affiliato e guadagnare una commissione su ogni vendita generata.

Per diventare un affiliato, dovete innanzitutto trovare programmi di affiliazione che offrano prodotti o servizi pertinenti al vostro sito e al vostro pubblico. È possibile trovare questi programmi registrandosi alle reti di affiliazione, che sono costituite da molte aziende che offrono programmi di affiliazione.

Una volta accettati in un programma di affiliazione, è possibile promuovere i prodotti o i servizi dell'azienda utilizzando i link di affiliazione. Questi link sono collegamenti ipertestuali alle pagine di vendita dei prodotti o servizi. Se un visitatore clicca su un link di affiliazione e acquista un prodotto o un servizio, si riceve una commissione sulla vendita.

Per promuovere prodotti o servizi in qualità di affiliato, si possono utilizzare diverse strategie, come scrivere recensioni o post sul blog relativi ai prodotti, includere link di affiliazione nelle e-mail o utilizzare banner pubblicitari sul proprio sito. È importante notare che per avere successo come affiliato, dovete essere onesti e trasparenti con i vostri visitatori e promuovere solo prodotti o servizi di qualità che siano rilevanti per il vostro sito e il vostro pubblico.

AFFITTO DI SPAZI PUBBLICITARI

Per monetizzare il vostro sito affittando spazi pubblicitari, dovete innanzitutto avere un sito che riceva un traffico sufficiente a rendere gli annunci redditizi per gli inserzionisti. In questo caso, potete affittare spazi pubblicitari sul vostro sito ad altre aziende che vogliono promuovere i loro prodotti o servizi sul vostro sito.

Esistono diversi modi per affittare spazi pubblicitari sul vostro sito. È possibile utilizzare reti pubblicitarie, come Google AdSense o Media.net, che consentono di visualizzare annunci sul proprio sito in cambio di una commissione. Potete anche vendere spazi pubblicitari direttamente agli inserzionisti, offrendo loro diverse posizioni e formati di annunci sul vostro sito.

Per trovare inserzionisti interessati a visualizzare i loro annunci sul vostro sito, potete utilizzare piattaforme pubblicitarie online, come Google AdWords o Facebook Ads. Potete anche utilizzare le reti pubblicitarie, che sono costituite da numerose aziende che offrono pubblicità online.

È importante notare che per monetizzare il vostro sito affittando spazi pubblicitari, dovete essere in grado di trovare inserzionisti disposti a pagare per visualizzare i loro annunci sul vostro sito. Dovete anche essere in grado di gestire i contratti e i pagamenti con gli inserzionisti e di garantire che gli annunci sul vostro sito siano di alta qualità e conformi alle regole del vostro network pubblicitario.

ACCESSO AI CONTENUTI PREMIUM

Per monetizzare il vostro sito con contenuti premium, dovete innanzitutto stabilire che tipo di contenuti metterete dietro l'accesso privato. Può trattarsi di contenuti esclusivi, come post di blog avanzati o guide di qualità, o di funzionalità avanzate del vostro sito, come strumenti di calcolo o database.

Una volta stabilito quali contenuti rendere privati, è necessario impostare un sistema di pagamento per l'accesso dei visitatori a tali contenuti. È possibile utilizzare piattaforme di pagamento online, come PayPal o Stripe, per gestire le transazioni.

Per promuovere i vostri contenuti premium, potete utilizzare diverse strategie di marketing online, come i social network, l'email marketing o gli annunci a pagamento. Potete anche inserire nel vostro sito degli estratti dei vostri contenuti privati, per dare ai visitatori un assaggio di ciò che possono ottenere pagando l'accesso ai contenuti completi.

È importante notare che per monetizzare con successo il vostro sito con contenuti premium, dovete offrire contenuti di qualità che siano abbastanza interessanti da indurre i visitatori a pagare per averli. È inoltre necessario impostare un sistema di pagamento facile da usare e avere una solida strategia di marketing online per promuovere i contenuti privati.

ABBONAMENTI A PAGAMENTO

Per monetizzare il vostro sito attraverso abbonamenti a pagamento, dovete innanzitutto avere contenuti o servizi che vengono aggiornati regolarmente e che possono essere offerti in abbonamento. Può trattarsi di contenuti di qualità, come post di blog o guide avanzate, o di servizi online, come consulenze o corsi online.

Una volta stabilito quali sono i contenuti o i servizi che offrirete in abbonamento, dovrete impostare un sistema di pagamento che permetta ai visitatori di abbonarsi. È possibile utilizzare piattaforme di pagamento online, come PayPal o Stripe, per gestire le transazioni.

Per promuovere i vostri abbonamenti a pagamento, potete utilizzare diverse strategie di marketing online, come i social network, l'email marketing o gli annunci pubblicitari a pagamento. Potete anche inserire nel vostro sito degli snippet dei vostri contenuti o servizi, per dare ai visitatori un assaggio di ciò che possono ottenere iscrivendosi.

È importante notare che per monetizzare con successo il vostro sito attraverso gli abbonamenti a pagamento, dovete offrire contenuti o servizi di qualità che siano abbastanza interessanti da indurre i visitatori a pagare un abbonamento per accedervi. È inoltre necessario impostare un sistema di pagamento facile da usare e avere una solida strategia di marketing online per promuovere gli abbonamenti a pagamento.

RICEVERE DONAZIONI

Per monetizzare il vostro sito attraverso le donazioni, dovete innanzitutto avere un sito di contenuti educativi o di beneficenza che coinvolga e interessi il vostro pubblico. In questo caso, potete chiedere ai visitatori di fare delle donazioni per sostenere il vostro lavoro.

Per raccogliere le donazioni, potete utilizzare piattaforme di pagamento online, come PayPal o Stripe, che vi permettono di impostare pulsanti di donazione sul vostro sito web. Potete anche utilizzare piattaforme di crowdfunding, come Kickstarter o GoFundMe, che vi permettono di lanciare campagne di raccolta fondi online.

Per promuovere le vostre donazioni, potete utilizzare diverse strategie di marketing online, come i social network, l'email marketing o gli annunci a pagamento. Potete anche inserire nel vostro sito testimonianze di persone che hanno già effettuato una donazione, per mostrare ai visitatori che il vostro lavoro ha un impatto reale.

È importante notare che per monetizzare con successo il vostro sito attraverso le donazioni, dovete essere trasparenti e onesti con i vostri visitatori e mostrare loro come le loro donazioni contribuiranno al vostro lavoro.

PRODOTTI PERSONALIZZATI

Per monetizzare il vostro sito con ordini di prodotti personalizzati, dovete innanzitutto avere un prodotto o un servizio che possa essere personalizzato in base alle preferenze del cliente. Può trattarsi di qualsiasi cosa, dall'abbigliamento ai regali, dagli articoli decorativi ai prodotti alimentari.

Una volta stabilito il prodotto o il servizio che si intende offrire come prodotto personalizzato, è necessario impostare un sistema di ordinazione sul proprio sito in modo che i visitatori possano ordinare i prodotti personalizzati. Potete utilizzare piattaforme di e-commerce, come Shopify o WooCommerce, che vi permettono di creare facilmente un modulo d'ordine e di gestire pagamenti e consegne.

Potete anche utilizzare i servizi di "print on demand" (POD), che si occupano della produzione dei vostri prodotti e della spedizione in cambio di una commissione sulle vendite.

Per promuovere i vostri prodotti personalizzati, potete utilizzare diverse strategie di marketing online, come i social network, il marketing via e-mail o gli annunci a pagamento. Potete anche inserire nel vostro sito esempi di prodotti personalizzati, per mostrare ai visitatori cosa possono creare effettuando un ordine.

È importante notare che per monetizzare con successo il vostro sito con prodotti personalizzati, dovete offrire un prodotto o un servizio di qualità che soddisfi le preferenze dei clienti. È inoltre necessario disporre di un sistema di ordinazione facile da usare e di una solida strategia di marketing online per promuovere i prodotti personalizzati.

WEBINAR O CONFERENZE

Per monetizzare il vostro sito attraverso i webinar o le conferenze online, dovete innanzitutto avere un argomento di competenza o un know-how che potete condividere con un pubblico interessato. È inoltre necessario avere in mente un pubblico di riferimento ed essere in grado di determinare come i propri contenuti possano soddisfare le sue esigenze e fornire valore.

Una volta stabilito il tipo di webinar o di conferenza online che offrirete sul vostro sito, dovrete impostare un sistema per consentire ai visitatori di registrarsi e partecipare ai vostri eventi online. Potete utilizzare piattaforme di webinar online, come GoToWebinar o Zoom, che vi permettono di creare e gestire facilmente i vostri eventi online.

Per promuovere i vostri webinar o le vostre conferenze online, potete utilizzare diverse strategie di marketing online, come i social network, l'email marketing o gli annunci pubblicitari a pagamento. Potete anche includere nel vostro sito web estratti dei vostri precedenti webinar o conferenze online, per mostrare ai visitatori cosa possono aspettarsi dai vostri contenuti.
È importante notare che per monetizzare con successo il vostro sito attraverso i webinar o le conferenze online, dovete offrire contenuti di qualità che siano sufficientemente interessanti da indurre i visitatori a pagare per accedervi. È inoltre necessario creare un sistema di registrazione e di pagamento di facile utilizzo.

SERVIZI DI MATCHMAKING

Per monetizzare il vostro sito attraverso i servizi di matchmaking, dovete innanzitutto avere un sito rivolto a un pubblico che ha bisogno di trovare fornitori di servizi o prodotti. Ad esempio, se il vostro sito si rivolge a proprietari di case, potreste offrire servizi di matchmaking a fornitori di servizi di miglioramento della casa o di giardinaggio.

Una volta deciso il tipo di servizi di matchmaking che offrirete sul vostro sito, dovrete creare un sistema per consentire ai visitatori di trovare e contattare i fornitori di servizi o i prodotti che stanno cercando. È possibile utilizzare piattaforme di matchmaking online, come Thumbtack o TaskRabbit, che consentono di creare facilmente un elenco di fornitori di servizi e di gestire le richieste di matchmaking.

Per promuovere i vostri servizi di matchmaking, potete utilizzare diverse strategie di marketing online, come i social network, il marketing via e-mail o gli annunci a pagamento. Potete anche inserire nel vostro sito web testimonianze di persone che hanno già utilizzato i vostri servizi di matchmaking, per mostrare ai visitatori la qualità di questi servizi.

È importante notare che per monetizzare con successo il vostro sito attraverso i servizi di matchmaking, dovete avere un pubblico che ha bisogno di trovare fornitori di servizi o prodotti ed essere in grado di promuovere efficacemente i vostri servizi di matchmaking sul vostro sito. Dovete anche essere in grado di gestire efficacemente le richieste di incontro e garantire che i fornitori di servizi o i prodotti offerti sul vostro sito siano di alta qualità.

La remunerazione di questo tipo di servizio si basa principalmente sul CPA (Cost Per Action): si viene remunerati, ad esempio, per ogni nuovo prospect che compila un modulo di richiesta informazioni.

CONCLUSIONE

Attirare traffico mirato sul vostro sito è importante per diversi motivi:

Aumentare la visibilità dell'azienda: più visitatori ci sono sul vostro sito, più possibilità avete di farvi conoscere e di generare contatti.

Migliorare la SEO del vostro sito: più visite riceve il vostro sito da persone interessate al vostro prodotto o servizio, più sarà considerato rilevante dai motori di ricerca, il che può migliorare la vostra posizione nei risultati di ricerca.

Generare entrate: se avete un sito di e-commerce, attirare traffico mirato sul vostro sito può aiutarvi a generare vendite e quindi entrate. Se utilizzate la pubblicità per monetizzare il vostro sito, più visite ricevete, più soldi potete aspettarvi di ricevere.

È quindi importante mettere in atto una strategia per attirare traffico mirato sul vostro sito e renderlo redditizio. Ciò può avvenire attraverso campagne di marketing online, creazione di contenuti di qualità, ottimizzazione del sito per i motori di ricerca, ecc.

Iniziare ora ...

www.ingramcontent.com/pod-product-compliance
Lightning Source LLC
LaVergne TN
LVHW010116170826
845678LV00012B/2438

* 9 7 9 8 3 7 2 1 1 0 5 3 3 *